Ontdekkingsreizen met Vrienden: Spannende Vertellingen in het Engels en Nederlands

Artici English

Published by Artici Kids, 2024.

While every precaution has been taken in the preparation of this book, the publisher assumes no responsibility for errors or omissions, or for damages resulting from the use of the information contained herein.

ONTDEKKINGSREIZEN MET VRIENDEN: SPANNENDE VERTELLINGEN IN HET ENGELS EN NEDERLANDS

First edition. June 5, 2024.

ISBN: 979-8227046956

Written by Artici English.

Table of Contents

Oliver the Opera Cat

Oliver was not an ordinary cat. He lived in a cozy little house on the edge of a bustling town, with his owner, Miss Penelope, who loved him dearly. But Oliver had a secret. He wasn't just any cat; he was an opera-singing cat. Yes, you read that right! When the moon rose high and the stars twinkled brightly, Oliver would climb onto the roof and sing the most beautiful arias you could ever imagine.

Miss Penelope had always known there was something special about Oliver. From the moment she brought him home from the animal shelter, she noticed his peculiar love for music. Every time she played her favorite operas, Oliver would sit by the record player, his ears perked up and his whiskers twitching in delight.

One crisp autumn evening, as Miss Penelope sipped her chamomile tea and listened to Puccini, she heard a sound that made her drop her teacup. It was Oliver, perched on the windowsill, his tiny mouth open in song. His voice was a perfect tenor, clear and resonant. Miss Penelope couldn't believe her ears.

"Oliver, is that you?" she whispered, her eyes wide with astonishment. Oliver paused, gave her a cheeky wink, and continued his serenade. From that night on, Miss Penelope and Oliver shared a special bond over their love of opera. She would hum along as he sang, their little house filled with music and joy.

Word of Oliver's talent soon spread through the town. People would gather outside Miss Penelope's house, hoping to catch a glimpse of the singing cat. Some brought their violins and flutes, joining in as Oliver performed. It wasn't long before he became a local sensation, with the townsfolk dubbing him "Oliver the Opera Cat."

One day, a grand announcement was made: The town was hosting a talent show, and the winner would get to perform at the prestigious Royal Opera House! Miss Penelope's heart raced with excitement. She knew Oliver had to enter the competition. With a sparkle in her eye, she gently lifted him and said, "Oliver, my dear, it's time for the world to hear your beautiful voice."

The day of the talent show arrived, and the town hall was buzzing with anticipation. There were dancers, magicians, and even a juggling unicyclist, but no one could steal the spotlight from Oliver. When it was his turn, he gracefully leaped onto the stage, his fur glistening under the bright lights. Miss Penelope sat in the front row, her hands clasped together in nervous excitement.

The music began, and Oliver took a deep breath. As he sang, the audience was mesmerized. His voice soared and dipped, weaving a tapestry of sound that left everyone spellbound. By the time he finished, there wasn't a dry eye in the hall. The applause was thunderous, echoing off the walls.

The judges were unanimous. Oliver was the winner! Miss Penelope rushed to the stage, scooping him up in her arms. "You did it, Oliver! We're going to the Royal Opera House!" she exclaimed, tears of joy streaming down her cheeks.

Preparations for the big performance were in full swing. Miss Penelope made sure Oliver practiced every day, and soon, they were off to the grand city. The Royal Opera House was even more magnificent than they had imagined, with its glittering chandeliers and plush red seats.

On the night of the performance, Oliver felt a flutter of nerves. But as he stepped onto the grand stage, he saw Miss Penelope's reassuring smile and took a deep breath. The orchestra began to play, and Oliver sang like never before. His voice filled the enormous hall, enchanting everyone who heard it.

When he finished, there was a moment of awed silence, followed by an eruption of applause. People rose to their feet, clapping and cheering. Oliver had done it. He had won their hearts.

From that night on, Oliver the Opera Cat became a beloved star. He performed all over the world, spreading joy and music wherever he went. But no matter how famous he became, he always remembered the cozy little house on the edge of town and the kind lady who believed in him.

And so, under the twinkling stars and the gentle glow of the moon, Oliver would still climb onto the roof and sing, his beautiful voice a reminder that even the smallest creatures can have the biggest dreams.

Oliver de Operakat

Oliver was geen gewone kat. Hij woonde in een knus huisje aan de rand van een drukke stad, samen met zijn baasje, juffrouw Penelope, die zielsveel van hem hield. Maar Oliver had een geheim. Hij was niet zomaar een kat; hij was een opera-zingende kat. Ja, je leest het goed! Als de maan hoog stond en de sterren helder fonkelden, klom Oliver op het dak en zong de mooiste aria's die je je maar kunt voorstellen.

Juffrouw Penelope had altijd al geweten dat er iets bijzonders was aan Oliver. Vanaf het moment dat ze hem uit het dierenasiel had meegenomen, merkte ze zijn bijzondere liefde voor muziek. Elke keer als ze haar favoriete opera's draaide, zat Oliver bij de platenspeler, zijn oren gespitst en zijn snorharen trilden van plezier.

Op een frisse herfstavond, terwijl juffrouw Penelope aan haar kamillethee nipte en naar Puccini luisterde, hoorde ze een geluid dat haar theekopje deed vallen. Het was Oliver, die op de vensterbank zat en zijn kleine mondje opendeed om te zingen. Zijn stem was een perfecte tenor, helder en resonerend. Juffrouw Penelope kon haar oren niet geloven.

"Oliver, ben jij dat?" fluisterde ze, haar ogen wijd van verbazing. Oliver pauzeerde, gaf haar een brutale knipoog en vervolgde zijn serenade. Vanaf die nacht hadden juffrouw Penelope en Oliver een bijzondere band over hun liefde voor opera. Ze neuriede mee terwijl hij zong, en hun huisje vulde zich met muziek en vreugde.

Het nieuws van Oliver's talent verspreidde zich snel door de stad. Mensen verzamelden zich buiten het huis van juffrouw Penelope, in de hoop een glimp op te vangen van de zingende kat. Sommigen brachten hun violen en fluiten mee en speelden mee terwijl Oliver optrad. Het duurde niet lang voordat hij een lokale sensatie werd, met de stadsbewoners die hem "Oliver de Operakat" noemden.

Op een dag werd er een groot aankondiging gedaan: de stad organiseerde een talentenjacht, en de winnaar mocht optreden in het prestigieuze Koninklijke Opera Huis! Het hart van juffrouw Penelope ging sneller kloppen van opwinding. Ze wist dat Oliver moest deelnemen aan de wedstrijd. Met een twinkeling in haar ogen tilde ze hem voorzichtig op en zei: "Oliver, mijn liefje, het is tijd dat de wereld jouw prachtige stem hoort."

De dag van de talentenjacht brak aan en het stadshuis gonste van de spanning. Er waren dansers, goochelaars en zelfs een jonglerende eenwieler, maar niemand kon de spotlight van Oliver stelen. Toen het zijn beurt was, sprong hij gracieus op het podium, zijn vacht glinsterend onder de felle lichten. Juffrouw Penelope zat op de eerste rij, haar handen zenuwachtig in elkaar gevouwen.

De muziek begon en Oliver haalde diep adem. Terwijl hij zong, was het publiek geboeid. Zijn stem steeg en daalde, en weefde een tapijt van klanken dat iedereen betoverde. Toen hij klaar was, was er geen droog oog in de zaal. Het applaus was oorverdovend, weerkaatsend tegen de muren.

De jury was unaniem. Oliver was de winnaar! Juffrouw Penelope rende het podium op en tilde hem op in haar armen. "Je hebt het gedaan, Oliver! We gaan naar het Koninklijke Opera Huis!" riep ze, tranen van vreugde stroomden over haar wangen.

De voorbereidingen voor het grote optreden waren in volle gang. Juffrouw Penelope zorgde ervoor dat Oliver elke dag oefende, en al snel waren ze onderweg naar de grote stad. Het Koninklijke Opera Huis was nog prachtiger dan ze zich hadden voorgesteld, met zijn fonkelende kroonluchters en pluchen rode stoelen.

Op de avond van het optreden voelde Oliver een kriebel van zenuwen. Maar toen hij het grote podium op stapte, zag hij de geruststellende glimlach van juffrouw Penelope en haalde diep adem. Het orkest begon te spelen en Oliver zong als nooit tevoren. Zijn stem vulde de enorme zaal en betoverde iedereen die het hoorde.

Toen hij klaar was, was er een moment van bewonderende stilte, gevolgd door een uitbarsting van applaus. Mensen stonden op van hun stoelen, klappend en juichend. Oliver had het gedaan. Hij had hun harten veroverd.

Vanaf die nacht werd Oliver de Operakat een geliefde ster. Hij trad over de hele wereld op, verspreidde vreugde en muziek waar hij ook ging. Maar hoe beroemd hij ook werd, hij herinnerde zich altijd het knusse huisje aan de rand van de stad en de vriendelijke dame die in hem geloofde.

En zo, onder de fonkelende sterren en de zachte gloed van de maan, klom Oliver nog steeds op het dak en zong hij, zijn prachtige stem een herinnering dat zelfs de kleinste wezens de grootste dromen kunnen hebben.

Captain Percy and the Mysterious Island

Once upon a time, in a bustling port town called Merrivale, there lived a rather unusual pirate named Captain Percy. He wasn't your typical pirate with a fierce scowl and a hooked hand. Oh no, Captain Percy was quite different. For starters, he had a magnificent, curly mustache that he twirled when he was deep in thought. And instead of a fearsome parrot, he had a talkative cockatoo named Clive, who loved to tell jokes.

Captain Percy wasn't interested in treasure chests full of gold or silver. He had a much grander dream: he wanted to discover new islands and map them out for future generations of explorers. His ship, the "Wandering Star," was the fastest in all the seven seas, and his crew was the most loyal and quirky bunch you could ever imagine.

One sunny morning, as the townspeople of Merrivale bustled about their daily routines, Captain Percy stood on the deck of the Wandering Star, looking through his spyglass. Clive perched on his shoulder, squawking jokes about seagulls and fish.

"Captain Percy, Captain Percy," Clive cawed, "what's the difference between a pirate and a cranberry?"

Captain Percy sighed, though a smile tugged at the corner of his mouth. "I don't know, Clive. What?"

"One's a marauder, and the other's a little red fruit!" Clive laughed, his feathers ruffling with mirth.

Just as Percy was about to respond with a joke of his own, he noticed something unusual in the distance. A small, glittering island that wasn't on any map he had ever seen. His heart raced with excitement. "By Neptune's beard, Clive, I think we've found something extraordinary!"

He called for his first mate, a burly man named Barnacle Bill, who had a heart as big as the ocean and a brain as sharp as a tack. "Bill, set course for that island! We're going on an adventure!"

The crew cheered, and the Wandering Star sped towards the mysterious island. As they approached, they noticed the island was unlike any they had seen before. It sparkled and shimmered, as if covered in a blanket of diamonds. But what really caught their attention was the giant, golden pineapple in the center.

Once they docked, Captain Percy, Clive, and the crew disembarked to explore. The island was filled with the most exotic plants and animals. They saw rainbow-colored parrots, trees that grew candy, and streams of chocolate milk.

"Captain Percy, this place is magical!" Clive exclaimed, hopping from one candy tree to another.

But Percy's keen eyes were fixed on the golden pineapple. "There's something odd about that pineapple," he murmured. As they approached, they discovered a door at its base. With a mixture of curiosity and caution, Percy pushed it open.

Inside, they found a spiral staircase leading down into the heart of the island. Torches lined the walls, flickering and casting eerie shadows. "Stay close, everyone," Percy instructed as they descended.

At the bottom of the staircase, they entered a grand cavern filled with ancient artifacts and glowing crystals. In the center stood an enormous, intricately carved treasure chest. But instead of gold and jewels, it was filled with scrolls and maps.

Percy's eyes widened in amazement. "These are maps of islands no one has ever seen! This is the greatest treasure an explorer could find!" He unrolled a scroll and saw a map leading to even more mysterious islands.

Clive perched on the chest, his eyes twinkling. "Looks like we have a lot more exploring to do, Captain!"

As they prepared to leave, Percy noticed an inscription on the cavern wall. It read: "To those who seek knowledge and adventure, may these maps guide your way."

Back on the Wandering Star, Captain Percy gathered his crew. "We've discovered something more valuable than gold. We've found the key to countless new adventures!" The crew cheered, their hearts filled with excitement.

And so, Captain Percy and the crew of the Wandering Star set off on a series of incredible voyages, discovering new islands and filling their maps with wondrous places. They became legends in Merrivale and beyond, known not for their plunder, but for their boundless curiosity and the joy they brought to every adventure.

Captain Percy would often sit at the helm, twirling his mustache and gazing at the horizon, wondering what new wonders awaited them. And Clive, ever the jokester, would perch on his shoulder, ready with a new joke or a funny story.

"Why do pirates make great singers?" Clive would ask.

Percy, always ready for Clive's antics, would reply with a smile, "Why, Clive?"

"Because they can hit the high seas!"

Laughter would echo across the deck, mingling with the sea breeze, as the Wandering Star sailed towards its next great discovery. For Captain Percy and his crew, the greatest treasure was the adventure itself, and they knew that as long as they had each other, there would always be new islands to explore and new stories to tell.

Kapitein Percy en het Mysterie van het Eiland

Er was eens, in een bruisende havenstad genaamd Merrivale, een nogal ongebruikelijke piraat genaamd Kapitein Percy. Hij was niet de typische piraat met een woeste blik en een haak in plaats van een hand. O nee, Kapitein Percy was heel anders. Om te beginnen had hij een prachtige, krullende snor die hij draaide als hij diep nadacht. En in plaats van een angstaanjagende papegaai had hij een praatgrage kaketoe genaamd Clive, die dol was op grappen vertellen.

Kapitein Percy was niet geïnteresseerd in schatkisten vol goud of zilver. Hij had een veel groter droom: hij wilde nieuwe eilanden ontdekken en in kaart brengen voor toekomstige generaties ontdekkingsreizigers. Zijn schip, de "Dwalenster", was het snelste van alle zeven zeeën, en zijn bemanning was de meest loyale en eigenaardige groep die je ooit zou kunnen voorstellen.

Op een zonnige ochtend, terwijl de mensen van Merrivale hun dagelijkse bezigheden verrichtten, stond Kapitein Percy op het dek van de Dwalenster, kijkend door zijn verrekijker. Clive zat op zijn schouder en maakte grappen over meeuwen en vissen.

"Kapitein Percy, Kapitein Percy," krijste Clive, "wat is het verschil tussen een piraat en een veenbes?"

Kapitein Percy zuchtte, hoewel een glimlach om zijn mondhoeken speelde. "Ik weet het niet, Clive. Wat?"

"Eén is een rover, en de ander is een kleine rode vrucht!" lachte Clive, zijn veren trilden van plezier.

Net toen Percy een eigen grap wilde vertellen, zag hij iets vreemds in de verte. Een klein, glinsterend eiland dat op geen enkele kaart stond die hij ooit had gezien. Zijn hart klopte van opwinding. "Bij Neptunus' baard, Clive, ik denk dat we iets buitengewoons hebben gevonden!"

Hij riep zijn eerste stuurman, een forse man genaamd Barnacle Bill, die een hart zo groot als de oceaan had en een brein zo scherp als een mes. "Bill, zet koers naar dat eiland! We gaan op avontuur!"

De bemanning juichte, en de Dwalenster snelde naar het mysterieuze eiland. Toen ze dichterbij kwamen, merkten ze dat het eiland anders was dan alle andere die ze ooit hadden gezien. Het glinsterde en schitterde, alsof het bedekt was met een deken van diamanten. Maar wat echt hun aandacht trok, was de gigantische, gouden ananas in het midden.

Zodra ze aanmeerden, gingen Kapitein Percy, Clive en de bemanning aan land om te verkennen. Het eiland was gevuld met de meest exotische planten en dieren. Ze zagen regenboogkleurige papegaaien, bomen die snoepjes groeiden, en beekjes van chocolademelk.

"Kapitein Percy, deze plek is magisch!" riep Clive, springend van de ene snoepboom naar de andere.

Maar Percy's scherpe ogen waren gericht op de gouden ananas. "Er is iets vreemds aan die ananas," mompelde hij. Toen ze dichterbij kwamen, ontdekten ze een deur aan de basis. Met een mengeling van nieuwsgierigheid en voorzichtigheid duwde Percy de deur open.

Binnen vonden ze een wenteltrap die naar beneden leidde, naar het hart van het eiland. Fakkels verlichtten de muren, flikkerend en werpend enge schaduwen. "Blijf dicht bij elkaar, iedereen," instrueerde Percy terwijl ze afdaalden.

Onder aan de trap kwamen ze in een grote grot gevuld met oude artefacten en gloeiende kristallen. In het midden stond een enorme, ingewikkeld gesneden schatkist. Maar in plaats van goud en juwelen, zat deze vol met rollen en kaarten.

Percy's ogen werden groot van verbazing. "Dit zijn kaarten van eilanden die nog nooit iemand heeft gezien! Dit is de grootste schat die een ontdekkingsreiziger kan vinden!" Hij rolde een perkament uit en zag een kaart die leidde naar nog meer mysterieuze eilanden.

Clive zat op de kist, zijn ogen glinsterden. "Het lijkt erop dat we nog veel meer te ontdekken hebben, Kapitein!"

Toen ze zich voorbereidden om te vertrekken, merkte Percy een inscriptie op de grotmuur op. Er stond: "Aan degenen die kennis en avontuur zoeken, moge deze kaarten jullie de weg wijzen."

Terug op de Dwalenster verzamelde Kapitein Percy zijn bemanning. "We hebben iets waardevollers gevonden dan goud. We hebben de sleutel gevonden naar talloze nieuwe avonturen!" De bemanning juichte, hun harten vol opwinding.

En zo vertrokken Kapitein Percy en de bemanning van de Dwalenster op een reeks ongelooflijke reizen, ontdekkend nieuwe eilanden en hun kaarten vullend met wonderlijke plaatsen. Ze werden legendarisch in Merrivale en daarbuiten, niet om hun plunderingen, maar om hun grenzeloze nieuwsgierigheid en de vreugde die ze brachten bij elk avontuur.

Kapitein Percy zat vaak aan het roer, draaiend aan zijn snor en starend naar de horizon, zich afvragend welke nieuwe wonderen hen te wachten stonden. En Clive, altijd de grappenmaker, zat op zijn schouder, klaar met een nieuwe grap of een grappig verhaal.

"Waarom zijn piraten goede zangers?" vroeg Clive.

Percy, altijd klaar voor Clive's streken, antwoordde met een glimlach, "Waarom, Clive?"

"Omdat ze de hoge zeeën kunnen bereiken!"

Lachend klonk het over het dek, mengend met de zeebries, terwijl de Dwalenster koers zette naar haar volgende grote ontdekking. Voor Kapitein Percy en zijn bemanning was het grootste schat het avontuur zelf, en ze wisten dat zolang ze elkaar hadden, er altijd nieuwe eilanden te ontdekken zouden zijn en nieuwe verhalen te vertellen.

Daisy the Dragon and the Rainbow Gem

In a land far away, nestled between towering mountains and lush green valleys, there lived a dragon named Daisy. Daisy wasn't like the other dragons who were fierce and fiery. She was a gentle soul with shimmering scales that glistened in every color of the rainbow. Daisy lived in a cozy cave filled with flowers, soft cushions, and books about far-off lands and magical creatures.

Daisy's best friend was a clever little mouse named Millie. Millie was always coming up with exciting plans and adventures for them. One sunny morning, as Daisy and Millie were having a picnic by the sparkling lake, Millie noticed something glittering at the bottom of the water.

"Daisy, look!" squeaked Millie, pointing with her tiny paw. "What's that shiny thing down there?"

Daisy squinted her big, kind eyes and saw a faint glow beneath the surface. "Let's find out!" she said with a smile, her scales shimmering as she moved.

Millie hopped onto Daisy's back, and together they waded into the lake. Daisy gently scooped up the mysterious object with her tail and brought it to the shore. As the water dripped away, they saw it was a beautiful gem that sparkled with all the colors of the rainbow, just like Daisy's scales.

"It's a Rainbow Gem!" gasped Millie. "I've read about these! They have magical powers and can grant wishes."

Daisy's eyes widened in wonder. "What should we wish for, Millie?"

Millie thought for a moment. "Let's wish for an adventure! An adventure where we can help someone in need."

Daisy agreed, and they both held the gem tightly, closing their eyes and making their wish. Suddenly, a soft, warm light enveloped them, and when they opened their eyes, they found themselves in a strange, enchanted forest.

The trees were tall and twisted, with leaves that sparkled like emeralds. The air was filled with the sweet scent of flowers and the sound of birds singing melodies. But there was something else, too – a faint sound of crying.

"Do you hear that?" asked Daisy, her ears perking up.

Millie nodded. "Someone's in trouble! Let's find them."

They followed the sound deeper into the forest until they came upon a clearing. There, sitting on a fallen log, was a young elf girl with tears streaming down her face. She wore a crown of flowers and had delicate wings that shimmered in the sunlight.

"Hello," said Daisy softly. "Are you okay?"

The elf girl looked up, surprised but relieved to see such a kind face. "My name is Elara," she sniffled. "I'm lost. I was picking flowers for the Spring Festival, and now I can't find my way back home."

Daisy and Millie exchanged a determined look. "Don't worry, Elara," said Millie confidently. "We'll help you get home."

Elara's face brightened. "Oh, thank you! My village is in the heart of the forest, but I'm not sure which way to go."

Daisy's scales glowed brighter with determination. "Climb on my back, Elara. We'll find your village together."

With Elara safely perched on Daisy's back and Millie guiding the way, they set off through the forest. They encountered many wonders along the way: a waterfall that sang beautiful songs, a meadow of flowers that danced in the breeze, and even a group of friendly fireflies that lit up their path as the sun began to set.

But as night fell, they realized the forest was more challenging to navigate in the dark. Just when they were beginning to feel a bit worried, the Rainbow Gem started to glow brightly, illuminating the path ahead.

"Look, Daisy! The gem is guiding us!" exclaimed Millie.

Following the light, they soon arrived at a beautiful village hidden among the trees. The houses were made of woven vines and flowers, and the whole place sparkled with magic.

"We're here!" Elara cried joyfully. "This is my home!"

The villagers rushed out to greet them, thanking Daisy and Millie for bringing Elara back safely. The village elder, a wise old elf with a beard of ivy, approached them.

"You have done a great deed today," he said with a kind smile. "As a token of our gratitude, we present you with this gift."

He handed Daisy a small pouch filled with magical seeds. "These seeds will grow into whatever you need most, wherever you plant them."

Daisy and Millie were overjoyed. "Thank you so much!" said Daisy, her scales sparkling even more brightly.

As they bid farewell to their new friends and made their way back home, Daisy and Millie couldn't stop talking about their adventure. They planted the magical seeds in Daisy's garden, and soon, it blossomed into the most beautiful and vibrant place in all the land.

The Rainbow Gem had granted them more than just an adventure. It had given them new friends, new experiences, and a garden that would remind them of their magical journey forever.

And so, Daisy the Dragon and Millie the Mouse continued to have many more adventures, always helping those in need and spreading joy wherever they went. Their friendship and bravery became legendary, and their stories were told for generations to come.

Daisy de Draak en de Regenboogsteen

In een land hier ver vandaan, genesteld tussen torenhoge bergen en weelderige groene valleien, woonde een draak genaamd Daisy. Daisy was niet zoals de andere draken die woest en vurig waren. Ze was een zachtaardige ziel met glinsterende schubben die fonkelden in alle kleuren van de regenboog. Daisy woonde in een knus grot gevuld met bloemen, zachte kussens en boeken over verre landen en magische wezens.

Daisy's beste vriend was een slimme muis genaamd Millie. Millie kwam altijd met spannende plannen en avonturen voor hen. Op een zonnige ochtend, terwijl Daisy en Millie een picknick hielden bij het fonkelende meer, merkte Millie iets glinsterends op op de bodem van het water.

"Daisy, kijk!" piepte Millie, wijzend met haar kleine poot. "Wat is dat glanzende ding daar beneden?"

Daisy kneep haar grote, vriendelijke ogen samen en zag een zwak licht onder het oppervlak. "Laten we het uitzoeken!" zei ze met een glimlach, haar schubben glinsterend terwijl ze bewoog.

Millie sprong op Daisy's rug en samen waadden ze het meer in. Daisy schepte voorzichtig het mysterieuze object op met haar staart en bracht het naar de oever. Toen het water wegdroop, zagen ze dat het een prachtige steen was die fonkelde in alle kleuren van de regenboog, net als Daisy's schubben.

"Het is een Regenboogsteen!" hijgde Millie. "Ik heb hier over gelezen! Ze hebben magische krachten en kunnen wensen vervullen."

Daisy's ogen werden groot van verwondering. "Wat moeten we wensen, Millie?"

Millie dacht even na. "Laten we wensen om op avontuur te gaan! Een avontuur waarin we iemand in nood kunnen helpen."

Daisy stemde toe, en ze hielden de steen stevig vast, sloten hun ogen en deden hun wens. Plotseling werden ze omhuld door een zacht, warm licht, en toen ze hun ogen openden, bevonden ze zich in een vreemde, betoverde bos.

De bomen waren hoog en verwrongen, met bladeren die fonkelden als smaragden. De lucht was gevuld met de zoete geur van bloemen en het geluid van vogels die melodieën zongen. Maar er was nog iets anders – een zwak geluid van huilen.

"Hoor je dat?" vroeg Daisy, haar oren spitsend.

Millie knikte. "Iemand is in de problemen! Laten we hen vinden."

Ze volgden het geluid dieper het bos in totdat ze op een open plek kwamen. Daar, zittend op een gevallen boomstam, was een jong elfmeisje met tranen die over haar gezicht stroomden. Ze droeg een bloemenkroon en had delicate vleugels die schitterden in het zonlicht.

"Hallo," zei Daisy zachtjes. "Gaat het wel goed met je?"

Het elfmeisje keek op, verrast maar opgelucht om zo'n vriendelijk gezicht te zien. "Mijn naam is Elara," snikte ze. "Ik ben verdwaald. Ik was bloemen aan het plukken voor het Lentefestival, en nu kan ik de weg naar huis niet meer vinden."

Daisy en Millie wisselden een vastberaden blik. "Maak je geen zorgen, Elara," zei Millie zelfverzekerd. "We zullen je helpen om thuis te komen."

Elara's gezicht klaarde op. "Oh, dank je! Mijn dorp ligt in het hart van het bos, maar ik weet niet welke kant ik op moet."

Daisy's schubben gloeiden feller van vastberadenheid. "Klim maar op mijn rug, Elara. We zullen samen je dorp vinden."

Met Elara veilig op Daisy's rug en Millie die de weg wees, gingen ze op weg door het bos. Onderweg kwamen ze vele wonderen tegen: een waterval die prachtige liederen zong, een weide vol bloemen die in de wind dansten, en zelfs een groep vriendelijke vuurvliegjes die hun pad verlichtten terwijl de zon onderging.

Maar toen de nacht viel, realiseerden ze zich dat het bos moeilijker te doorkruisen was in het donker. Net toen ze zich een beetje zorgen begonnen te maken, begon de Regenboogsteen helder te gloeien en verlichtte het pad voor hen.

"Kijk, Daisy! De steen wijst ons de weg!" riep Millie.

Ze volgden het licht en kwamen al snel aan in een prachtig dorp verborgen tussen de bomen. De huizen waren gemaakt van gevlochten wijnstokken en bloemen, en de hele plek fonkelde van magie.

"We zijn er!" riep Elara blij. "Dit is mijn thuis!"

De dorpelingen snelden naar buiten om hen te begroeten en bedankten Daisy en Millie voor het veilig terugbrengen van Elara. De dorpsoudste, een wijze oude elf met een baard van klimop, kwam naar hen toe.

"Jullie hebben vandaag een grote daad verricht," zei hij met een vriendelijke glimlach. "Als teken van onze dankbaarheid geven we jullie dit geschenk."

Hij overhandigde Daisy een klein zakje gevuld met magische zaden. "Deze zaden zullen groeien in wat je het meest nodig hebt, waar je ze ook plant."

Daisy en Millie waren overgelukkig. "Heel erg bedankt!" zei Daisy, haar schubben nog helderder glinsterend.

Toen ze afscheid namen van hun nieuwe vrienden en op weg naar huis gingen, konden Daisy en Millie niet ophouden met praten over hun avontuur. Ze plantten de magische zaden in Daisy's tuin, en al snel bloeide het op tot de mooiste en meest levendige plek in het hele land.

De Regenboogsteen had hen meer gegeven dan alleen een avontuur. Het had hen nieuwe vrienden, nieuwe ervaringen en een tuin gegeven die hen voor altijd aan hun magische reis zou herinneren.

En zo bleven Daisy de Draak en Millie de Muis nog vele avonturen beleven, altijd klaar om degenen in nood te helpen en vreugde te verspreiden waar ze ook gingen. Hun vriendschap en moed werden legendarisch, en hun verhalen werden generaties lang verteld.

Princess Poppy and the Lost Crown

Once upon a time, in the enchanting kingdom of Rosewood, there lived a young princess named Poppy. Princess Poppy was adored by everyone for her kindness, her sparkling smile, and her infectious laughter. She had long, golden hair that shimmered like the sun and eyes as blue as the summer sky. But what made her truly special was her heart of gold.

Princess Poppy's most prized possession was her beautiful crown. It wasn't just any crown—it was a family heirloom passed down through generations, encrusted with precious gems and delicate filigree. Poppy cherished it not because of its value, but because it represented the love and responsibility she felt for her kingdom.

One bright morning, as the sun was shining and the birds were singing, Princess Poppy awoke with a start. She reached for her crown, as she did every morning, but it wasn't there. Panic surged through her as she searched her entire room, turning over cushions, peeking under her bed, and even checking her wardrobe. But the crown was nowhere to be found.

"Oh no," Poppy whispered, her heart sinking. "What will I do without my crown?"

Determined to find her beloved crown, Poppy decided to seek help. She hurried down to the royal kitchen, where her best friend, a clever and mischievous kitten named Tilly, was playing with a ball of yarn.

"Tilly, my crown is missing!" Poppy exclaimed, her voice trembling.

Tilly stopped playing and looked up with wide eyes. "Don't worry, Princess Poppy. We'll find it together!"

With Tilly by her side, Poppy set off to search the castle. They looked high and low, from the grand ballroom to the dusty attic. They questioned everyone they met—the royal guards, the maids, the gardeners—but no one had seen the crown.

Feeling disheartened, Poppy and Tilly decided to take a break in the castle garden. As they sat on a stone bench surrounded by blooming roses, a gentle breeze rustled the leaves, and Tilly's whiskers twitched.

"I have an idea!" Tilly exclaimed. "What if we ask the animals in the garden? They see everything that happens around here."

Poppy's face lit up with hope. "That's a wonderful idea, Tilly!"

They approached the wise old owl, Oliver, who was perched on a tree branch. Oliver was known for his keen eyesight and knowledge of the castle grounds.

"Oliver, have you seen my crown?" Poppy asked, looking up at the owl.

Oliver tilted his head thoughtfully. "I did see something shiny early this morning. A little magpie was flying towards the Whispering Woods with something in its beak. It might have been your crown."

Poppy and Tilly thanked Oliver and rushed towards the Whispering Woods. The woods were beautiful and mysterious, filled with ancient trees and hidden paths. As they entered, they could hear the soft whisper of the leaves, as if the forest was sharing its secrets.

Following the winding path, they soon spotted a mischievous magpie perched on a branch, clutching something shiny in its beak. It was Poppy's crown!

"Excuse me, Mr. Magpie," Poppy called out gently. "I believe you have something that belongs to me."

The magpie looked at Poppy with curious eyes but didn't move.

Tilly, being the clever kitten she was, had an idea. "Magpies love shiny things. Maybe we can trade with him."

Poppy quickly took off her bracelet, a simple but shiny piece of jewelry, and held it up. "Would you like this in exchange for the crown?"

The magpie's eyes lit up at the sight of the bracelet. It dropped the crown and swooped down to grab the bracelet instead. Poppy caught her crown just in time, hugging it close with a sigh of relief.

"Thank you, Mr. Magpie," Poppy said, smiling. "And thank you, Tilly. I couldn't have done it without you."

With her crown back on her head and Tilly by her side, Poppy felt like herself again. They made their way back to the castle, where the news of the found crown spread quickly. Everyone cheered and celebrated their princess's return.

That evening, as the sun set and the stars began to twinkle, Princess Poppy stood on the balcony of her castle, looking out over her kingdom. She felt a deep sense of gratitude and love for her friends and the people of Rosewood.

"Today, I learned that even without my crown, I am still a princess because of the love and support of those around me," Poppy said to Tilly.

Tilly purred in agreement. "And remember, Princess, adventures are always more fun when you have friends by your side."

From that day on, Princess Poppy continued to rule Rosewood with kindness and wisdom, always remembering the lesson she learned from her adventure. And she knew that with her friends beside her, she could face any challenge that came her way.

Prinses Poppy en de Verloren Kroon

Er was eens, in het betoverende koninkrijk Rosewood, een jonge prinses genaamd Poppy. Prinses Poppy werd door iedereen aanbeden vanwege haar vriendelijkheid, haar sprankelende glimlach en haar aanstekelijke lach. Ze had lang, goudblond haar dat glansde als de zon en ogen zo blauw als de zomerlucht. Maar wat haar echt bijzonder maakte, was haar gouden hart.

Prinses Poppy's meest gekoesterde bezit was haar prachtige kroon. Het was niet zomaar een kroon—het was een erfstuk dat door generaties was doorgegeven, bezet met kostbare edelstenen en fijn kantwerk. Poppy koesterde het niet vanwege de waarde, maar omdat het de liefde en verantwoordelijkheid vertegenwoordigde die ze voelde voor haar koninkrijk.

Op een heldere ochtend, terwijl de zon scheen en de vogels zongen, werd Prinses Poppy plotseling wakker. Ze reikte naar haar kroon, zoals ze elke ochtend deed, maar het was er niet. Paniek schoot door haar heen terwijl ze haar hele kamer doorzocht, kussens omdraaide, onder haar bed keek en zelfs haar kledingkast controleerde. Maar de kroon was nergens te vinden.

"Oh nee," fluisterde Poppy, terwijl haar hart zonk. "Wat moet ik doen zonder mijn kroon?"

Vastbesloten om haar geliefde kroon te vinden, besloot Poppy hulp te zoeken. Ze haastte zich naar de koninklijke keuken, waar haar beste vriend, een slimme en ondeugende kitten genaamd Tilly, met een bolletje wol speelde.

"Tilly, mijn kroon is verdwenen!" riep Poppy, terwijl haar stem trilde.

Tilly stopte met spelen en keek op met grote ogen. "Maak je geen zorgen, Prinses Poppy. We zullen het samen vinden!"

Met Tilly aan haar zijde ging Poppy op zoek door het kasteel. Ze zochten hoog en laag, van de grote balzaal tot de stoffige zolder. Ze ondervroegen iedereen die ze tegenkwamen—de koninklijke wachters, de dienstmeisjes, de tuinmannen—maar niemand had de kroon gezien.

Met een moedeloos gevoel besloten Poppy en Tilly een pauze te nemen in de kasteeltuin. Terwijl ze op een stenen bankje zaten, omringd door bloeiende rozen, ritselde een zachte bries door de bladeren en trilden Tilly's snorharen.

"Ik heb een idee!" riep Tilly uit. "Wat als we de dieren in de tuin vragen? Zij zien alles wat hier gebeurt."

Poppy's gezicht lichtte op van hoop. "Dat is een geweldig idee, Tilly!"

Ze benaderden de wijze oude uil, Oliver, die op een tak zat. Oliver stond bekend om zijn scherpe ogen en kennis van de kasteeltuinen.

"Oliver, heb je mijn kroon gezien?" vroeg Poppy, terwijl ze naar de uil opkeek.

Oliver hield zijn hoofd schuin en dacht na. "Ik zag vanmorgen vroeg iets glinsterends. Een kleine ekster vloog naar het Fluisterbos met iets in zijn snavel. Het zou jouw kroon kunnen zijn."

Poppy en Tilly bedankten Oliver en renden naar het Fluisterbos. Het bos was mooi en mysterieus, gevuld met oude bomen en verborgen paden. Terwijl ze het betraden, hoorden ze het zachte gefluister van de bladeren, alsof het bos zijn geheimen deelde.

Ze volgden het kronkelende pad en zagen al snel een ondeugende ekster op een tak zitten, met iets glinsterends in zijn snavel. Het was Poppy's kroon!

"Excuseer, meneer Ekster," riep Poppy zachtjes. "Ik geloof dat je iets hebt dat van mij is."

De ekster keek nieuwsgierig naar Poppy maar bewoog niet.

Tilly, de slimme kitten die ze was, had een idee. "Eksters houden van glanzende dingen. Misschien kunnen we met hem ruilen."

Poppy deed snel haar armband af, een eenvoudig maar glanzend sieraad, en hield het omhoog. "Zou je dit willen ruilen voor de kroon?"

De ogen van de ekster lichtten op bij het zien van de armband. Hij liet de kroon vallen en vloog naar beneden om de armband te pakken. Poppy ving haar kroon net op tijd en hield het dicht tegen zich aan met een zucht van opluchting.

"Dank je, meneer Ekster," zei Poppy glimlachend. "En bedankt, Tilly. Ik had het niet zonder jou gekund."

Met haar kroon weer op haar hoofd en Tilly aan haar zijde, voelde Poppy zich weer helemaal zichzelf. Ze maakten hun weg terug naar het kasteel, waar het nieuws van de gevonden kroon zich snel verspreidde. Iedereen juichte en vierde de terugkeer van hun prinses.

Die avond, terwijl de zon onderging en de sterren begonnen te fonkelen, stond Prinses Poppy op het balkon van haar kasteel, kijkend over haar koninkrijk. Ze voelde een diepe dankbaarheid en liefde voor haar vrienden en de mensen van Rosewood.

"Vandaag heb ik geleerd dat ik zelfs zonder mijn kroon nog steeds een prinses ben vanwege de liefde en steun van degenen om me heen," zei Poppy tegen Tilly.

Tilly spinde instemmend. "En vergeet niet, Prinses, avonturen zijn altijd leuker als je vrienden aan je zijde hebt."

Vanaf die dag bleef Prinses Poppy Rosewood regeren met vriendelijkheid en wijsheid, altijd denkend aan de les die ze had geleerd van haar avontuur. En ze wist dat met haar vrienden aan haar zijde, ze elke uitdaging aankon die op haar pad kwam.

Oliver and the Incredible Hot Air Balloon Adventure

Once upon a time, in a charming little town called Whimsyville, lived a young boy named Oliver. Oliver was no ordinary boy—he was an explorer at heart, always dreaming of far-off lands and incredible adventures. His bedroom was filled with maps, compasses, and books about the great explorers of the past.

But what made Oliver truly unique was his hot air balloon. It was a magnificent, colorful contraption that he had built with the help of his eccentric Uncle Rupert, a retired inventor. The balloon was painted with bright hues of red, blue, and yellow, and it had a large basket that was perfect for carrying supplies and a small, adventurous boy.

One sunny morning, as Oliver was polishing his balloon, he felt a surge of excitement. Today was the day he would embark on his most daring adventure yet—to find the legendary Land of the Lost Clouds. This mystical place was said to be hidden high in the sky, where the clouds were made of candyfloss and the rivers flowed with lemonade.

"Are you ready for an adventure, Buster?" Oliver asked his loyal dog, a scruffy terrier with a keen nose and a brave heart.

Buster barked enthusiastically, his tail wagging furiously.

With a final check of his supplies—snacks, a telescope, a journal, and a compass—Oliver climbed into the basket of his hot air balloon. He pulled the lever, and with a whoosh, the balloon began to rise gently into the sky. The townsfolk of Whimsyville waved and cheered as Oliver and Buster ascended higher and higher, until they were floating among the clouds.

The view from the balloon was breathtaking. They soared over rolling hills, sparkling rivers, and dense forests. Oliver used his telescope to scan the horizon, looking for any signs of the Land of the Lost Clouds. Hours passed, and the sun began to set, painting the sky in shades of pink and orange.

Just as Oliver was starting to feel a bit tired, he spotted something unusual through his telescope. In the distance, there was a cluster of clouds that seemed to shimmer with a golden light. His heart raced with excitement.

"That must be it, Buster! The Land of the Lost Clouds!"

With renewed energy, Oliver steered the balloon towards the glowing clouds. As they got closer, the air around them filled with a sweet, sugary scent. The clouds were indeed made of candyfloss, and the sight was more magical than Oliver had ever imagined.

They landed gently on a fluffy, pink cloud, and Oliver and Buster hopped out of the basket. The ground felt soft and springy under their feet, and the air was filled with the sound of laughter and music. In front of them was a magnificent castle made entirely of sweets—candy cane towers, chocolate walls, and gumdrop windows.

"Welcome to the Land of the Lost Clouds!" called a cheerful voice.

Oliver turned to see a group of colorful creatures approaching. They were Cloud Sprites, small and ethereal beings with wings made of mist and eyes that sparkled like stars.

"Hello! I'm Oliver, and this is Buster," said Oliver, bowing politely. "We've come to explore your wonderful land."

The Cloud Sprites giggled and clapped their hands. "We're delighted to have you here! Come, let's show you around."

They led Oliver and Buster through their enchanting world. They visited the Lemonade River, where the water was cool and refreshing. They explored the Candyfloss Forest, where every tree was made of sweet, fluffy candy. They even played games with the Cloud Sprites, who showed them how to bounce on the clouds like trampolines.

As the day turned into evening, the Cloud Sprites invited Oliver and Buster to a grand feast at the Candy Castle. The banquet hall was filled with delicious treats—jellybean cakes, marshmallow pies, and lollipop trees. Oliver and Buster ate until they were full, their bellies happy and their hearts even happier.

After the feast, the Cloud Sprites gathered around a glowing campfire made of fireflies. They told stories of their adventures in the sky, and Oliver shared tales of his travels on land. They laughed and sang songs, the joy of the evening filling the air.

As the night grew late, Oliver felt a tug of sleepiness. The Cloud Sprites provided a cozy cloud bed for him and Buster, and they drifted off to sleep under a sky full of twinkling stars.

The next morning, Oliver awoke to the gentle warmth of the sun. It was time to return to Whimsyville, but he felt a twinge of sadness at leaving the magical land.

"Thank you for everything," Oliver said to the Cloud Sprites as he prepared his balloon for departure. "I'll never forget this adventure."

"You're always welcome here, Oliver," said the Cloud Sprite leader, her eyes twinkling. "Remember, the magic of the Land of the Lost Clouds is always with you."

With a final wave, Oliver and Buster climbed into the balloon and began their journey home. As they floated down through the clouds, Oliver felt a deep sense of contentment. He had found not only the Land of the Lost Clouds but also new friends and memories that would last a lifetime.

When they landed back in Whimsyville, the townsfolk gathered around, eager to hear about Oliver's adventure. He told them all about the candyfloss clouds, the Lemonade River, and the wonderful Cloud Sprites.

And so, Oliver's incredible hot air balloon adventure became a legend in Whimsyville, inspiring other children to dream big and explore the world around them. Oliver knew that no matter where his next adventure took him, he would always carry the magic of the Land of the Lost Clouds in his heart.

Oliver en het Ongelooflijke Luchtballonavontuur

Er was eens, in het charmante stadje Whimsyville, een jonge jongen genaamd Oliver. Oliver was geen gewone jongen—hij was een echte avonturier, altijd dromend van verre landen en ongelooflijke avonturen. Zijn slaapkamer was gevuld met kaarten, kompassen en boeken over de grote ontdekkingsreizigers uit het verleden.

Maar wat Oliver echt uniek maakte, was zijn luchtballon. Het was een prachtige, kleurrijke contraptie die hij had gebouwd met de hulp van zijn excentrieke oom Rupert, een gepensioneerde uitvinder. De ballon was beschilderd met heldere tinten rood, blauw en geel, en had een grote mand die perfect was om voorraden en een kleine, avontuurlijke jongen mee te nemen.

Op een zonnige ochtend, terwijl Oliver zijn ballon aan het poetsen was, voelde hij een golf van opwinding. Vandaag was de dag dat hij zou vertrekken voor zijn meest gedurfde avontuur tot nu toe—op zoek naar het legendarische Land van de Verloren Wolken. Deze mystieke plek zou hoog in de lucht verborgen zijn, waar de wolken gemaakt waren van suikerspin en de rivieren stroomden met limonade.

"Ben je klaar voor een avontuur, Buster?" vroeg Oliver aan zijn trouwe hond, een ruige terriër met een scherpe neus en een dapper hart.

Buster blafte enthousiast, zijn staart kwispelde heftig.

Met een laatste controle van zijn voorraden—snacks, een telescoop, een dagboek en een kompas—klom Oliver in de mand van zijn luchtballon. Hij trok aan de hendel, en met een zucht begon de ballon zachtjes omhoog te stijgen in de lucht. De inwoners van Whimsyville zwaaiden en juichten terwijl Oliver en Buster steeds hoger opstegen, totdat ze tussen de wolken zweefden.

Het uitzicht vanuit de ballon was adembenemend. Ze zweefden over glooiende heuvels, fonkelende rivieren en dichte bossen. Oliver gebruikte zijn telescoop om de horizon af te speuren, op zoek naar tekenen van het Land van de Verloren Wolken. Uren verstreken, en de zon begon onder te gaan, schilderend de lucht in tinten roze en oranje.

Net toen Oliver een beetje moe begon te worden, zag hij iets ongewoons door zijn telescoop. In de verte was er een groep wolken die leken te glinsteren met een gouden licht. Zijn hart klopte van opwinding.

"Dat moet het zijn, Buster! Het Land van de Verloren Wolken!"

Met hernieuwde energie stuurde Oliver de ballon naar de gloeiende wolken. Naarmate ze dichterbij kwamen, vulde de lucht om hen heen zich met een zoete, suikerachtige geur. De wolken waren inderdaad gemaakt van suikerspin, en het aanzicht was magischer dan Oliver ooit had kunnen bedenken.

Ze landden zachtjes op een donzige, roze wolk, en Oliver en Buster sprongen uit de mand. De grond voelde zacht en veerkrachtig onder hun voeten, en de lucht was gevuld met het geluid van gelach en muziek. Voor hen stond een prachtig kasteel, geheel gemaakt van snoep—suikerstokkentorens, chocolademuren en gomraamkozijnen.

"Welkom in het Land van de Verloren Wolken!" riep een vrolijke stem.

Oliver draaide zich om en zag een groep kleurrijke wezens naderen. Het waren Wolkensprites, kleine en etherische wezens met vleugels van nevel en ogen die fonkelden als sterren.

"Hallo! Ik ben Oliver, en dit is Buster," zei Oliver, beleefd buigend. "We zijn gekomen om jullie prachtige land te verkennen."

De Wolkensprites giechelden en klapten in hun handen. "We zijn verheugd jullie hier te hebben! Kom, laten we jullie rondleiden."

Ze leidden Oliver en Buster door hun betoverende wereld. Ze bezochten de Limonaderivier, waar het water koel en verfrissend was. Ze verkenden het Suikerspinbos, waar elke boom gemaakt was van zoete, luchtige suikerspin. Ze speelden zelfs spelletjes met de Wolkensprites, die hen leerden hoe ze op de wolken konden springen als trampolines.

Toen de dag in de avond overging, nodigden de Wolkensprites Oliver en Buster uit voor een groot feest in het Snoepkasteel. De banketzaal was gevuld met heerlijke traktaties—jellybean-taarten, marshmallow-taarten en lollie-bomen. Oliver en Buster aten tot ze vol zaten, hun buiken blij en hun harten nog blijer.

Na het feest verzamelden de Wolkensprites zich rond een gloeiend kampvuur gemaakt van vuurvliegjes. Ze vertelden verhalen over hun avonturen in de lucht, en Oliver deelde verhalen over zijn reizen op het land. Ze lachten en zongen liedjes, de vreugde van de avond vulde de lucht.

Toen de nacht vorderde, voelde Oliver een golf van vermoeidheid. De Wolkensprites boden een knus wolkenbed aan voor hem en Buster, en ze vielen in slaap onder een hemel vol fonkelende sterren.

De volgende ochtend werd Oliver wakker door de zachte warmte van de zon. Het was tijd om terug te keren naar Whimsyville, maar hij voelde een vleugje verdriet om het verlaten van het magische land.

"Dank jullie voor alles," zei Oliver tegen de Wolkensprites terwijl hij zijn ballon klaarmaakte voor vertrek. "Ik zal dit avontuur nooit vergeten."

"Je bent hier altijd welkom, Oliver," zei de leider van de Wolkensprites, haar ogen twinkelend. "Onthoud, de magie van het Land van de Verloren Wolken is altijd bij je."

Met een laatste zwaai klommen Oliver en Buster in de ballon en begonnen hun reis naar huis. Terwijl ze door de wolken naar beneden zweefden, voelde Oliver een diep gevoel van tevredenheid. Hij had niet alleen het Land van de Verloren

Wolken gevonden, maar ook nieuwe vrienden en herinneringen die een leven lang zouden meegaan.

Toen ze terug in Whimsyville landden, verzamelde de stadsbewoners zich, nieuwsgierig naar Oliver's avontuur. Hij vertelde hen alles over de suikerspinwolken, de Limonaderivier en de geweldige Wolkensprites.

En zo werd Oliver's ongelooflijke luchtballonavontuur een legende in Whimsyville, die andere kinderen inspireerde om groot te dromen en de wereld om hen heen te verkennen. Oliver wist dat, waar zijn volgende avontuur hem ook naartoe zou brengen, hij altijd de magie van het Land van de Verloren Wolken in zijn hart zou dragen.

Emily and the Enchanted Unicorn Quest

Once upon a time, in the quaint village of Meadowbrook, lived a spirited and adventurous girl named Emily. Emily had a wild imagination and a heart full of dreams. She loved reading stories about magical creatures and distant lands, and she often spent her days exploring the woods and meadows surrounding her village with her trusty dog, Rusty, by her side.

One bright and sunny morning, as Emily and Rusty were walking through the meadow, they stumbled upon something extraordinary. It was a silver feather, shimmering in the sunlight and unlike any feather Emily had ever seen. She picked it up and felt a strange yet exciting sensation.

"Look, Rusty!" Emily exclaimed, showing the feather to her dog. "This must belong to a magical creature! Let's find out where it came from."

With the feather in hand, Emily and Rusty ventured deeper into the woods. They walked for hours, guided by a mysterious trail of silver feathers that seemed to lead them on. The deeper they went, the more enchanted the forest became. Trees glowed with a soft, golden light, and the air was filled with the sweet scent of flowers.

Just as Emily began to wonder if they were on the right path, they heard a gentle, melodic voice singing from a nearby glade.

Pushing through the bushes, Emily and Rusty found themselves face-to-face with the most magnificent creature they had ever seen—a unicorn. Its coat was as white as snow, and its mane shimmered with every color of the rainbow. The unicorn's eyes sparkled with wisdom and kindness, and a single, spiraled horn gleamed atop its head.

"Hello, young explorer," the unicorn said, its voice as soothing as a lullaby. "I am Luna, the guardian of the Enchanted Forest. I see you have found one of my feathers."

Emily's eyes widened in awe. "Yes, I found it in the meadow. I've always dreamed of meeting a unicorn! This is incredible!"

Luna smiled. "And I am delighted to meet a brave and curious soul like yours, Emily. There is something special about you. Perhaps you can help me with a quest."

Emily's heart raced with excitement. "A quest? What kind of quest?"

Luna stepped closer, her horn glowing softly. "A dark curse has fallen upon the Enchanted Forest. The magical crystal that protects our land has been stolen by a wicked sorcerer. Without it, the forest will lose its magic and life. I need your help to retrieve the crystal and restore the enchantment."

Emily nodded eagerly. "I'll do whatever it takes to help! Where do we start?"

Luna knelt down, allowing Emily to climb onto her back. "Hold on tight, and Rusty, you stay close. We must travel to the

Forgotten Mountains, where the sorcerer resides. It will be a perilous journey, but I believe in you, Emily."

With Emily holding onto Luna's mane and Rusty trotting alongside, they set off on their adventure. They galloped through the forest, crossed sparkling streams, and leaped over fallen logs. The journey was long and challenging, but Emily's determination never wavered.

As they approached the foot of the Forgotten Mountains, they encountered a series of obstacles. First, they had to cross a rickety old bridge over a deep ravine. Emily's heart pounded as the bridge swayed under their weight, but with Luna's steady guidance, they made it across safely.

Next, they faced a dense, thorny thicket that seemed impassable. Rusty barked and sniffed around, eventually finding a narrow path through the thorns. Emily carefully followed, protecting herself with Luna's feathers, which glowed and softened the thorns as they passed.

Finally, they reached the entrance to the sorcerer's lair, a dark and foreboding cave at the heart of the mountains. Emily took a deep breath, feeling a mix of fear and excitement. She knew that this was the moment of truth.

"Stay close, Rusty," Emily whispered as they stepped inside the cave. Luna's horn illuminated the way, casting a gentle light on the cold, stone walls.

As they ventured deeper into the cave, they encountered the sorcerer. He was a tall, shadowy figure with piercing eyes and a sinister grin. In his hands, he held the magical crystal, its light dimmed by his dark magic.

"Well, well, what do we have here?" the sorcerer sneered. "A little girl, a unicorn, and a dog. How quaint. Do you really think you can defeat me and take back the crystal?"

Emily stood tall, her voice steady. "We're not afraid of you. We've come to restore the magic to the Enchanted Forest, and we won't leave without the crystal."

The sorcerer laughed, raising his hands to cast a spell. But before he could utter a word, Luna's horn glowed brightly, and a beam of pure light shot towards the sorcerer, knocking him back. Emily saw her chance and, with all her courage, dashed forward and grabbed the crystal from the sorcerer's grasp.

As soon as Emily touched the crystal, it began to glow brightly, its magic restored. The cave shook, and the sorcerer let out a furious roar before disappearing into thin air. The curse was broken.

"Well done, Emily," Luna said, her voice filled with pride. "You have saved the Enchanted Forest."

Emily smiled, holding the crystal tightly. "We did it together, Luna."

With the crystal safely in her hands, Emily climbed back onto Luna's back, and they made their way out of the cave. The journey back to the Enchanted Forest was filled with joy and relief. As they entered the forest, the trees sparkled with renewed magic, and the air was filled with the sweet scent of blooming flowers.

The forest creatures came out to greet them, cheering and celebrating their hero. Emily felt a warm glow of happiness knowing she had made a difference.

"Thank you, Emily," Luna said as they reached the heart of the forest. "You have proven that bravery and kindness can overcome any darkness. The Enchanted Forest will always be grateful to you."

Emily hugged Luna, feeling a deep sense of accomplishment. "Thank you, Luna. This adventure has been the most amazing experience of my life."

With the crystal restored to its rightful place, the Enchanted Forest was once again a place of magic and wonder. Emily and Rusty returned to Meadowbrook, their hearts full of memories of their incredible journey.

From that day on, Emily's story became a legend in Meadowbrook. She continued to explore, dream, and seek out new adventures, always remembering the lessons she had learned from Luna and the Enchanted Forest.

And every time she looked at the silver feather, now framed on her bedroom wall, she was reminded that with courage, kindness, and a little bit of magic, anything is possible.

Emily en de Betoverde Eenhoorn Quest

Er was eens, in het schilderachtige dorpje Weidenbeek, een energiek en avontuurlijk meisje genaamd Emily. Emily had een wilde verbeelding en een hart vol dromen. Ze hield ervan verhalen te lezen over magische wezens en verre landen, en ze bracht vaak haar dagen door met het verkennen van de bossen en weiden rondom haar dorp, samen met haar trouwe hond, Rusty.

Op een heldere en zonnige ochtend, terwijl Emily en Rusty door de weide liepen, stuitten ze op iets buitengewoons. Het was een zilveren veer, schitterend in het zonlicht en anders dan elke veer die Emily ooit had gezien. Ze raapte het op en voelde een vreemd maar opwindend gevoel.

"Kijk, Rusty!" riep Emily uit, terwijl ze de veer aan haar hond liet zien. "Deze moet van een magisch wezen zijn! Laten we uitzoeken waar het vandaan komt."

Met de veer in de hand gingen Emily en Rusty dieper het bos in. Ze liepen urenlang, geleid door een mysterieuze spoor van zilveren veren die hen leek te leiden. Hoe dieper ze gingen, hoe betoverender het bos werd. Bomen gloeiden met een zacht, gouden licht en de lucht was gevuld met de zoete geur van bloemen.

Net toen Emily begon te twijfelen of ze wel op het juiste pad waren, hoorden ze een zachte, melodieuze stem zingen vanuit een nabijgelegen open plek. Toen ze door de struiken duwden, stonden Emily en Rusty oog in oog met het meest magnifieke wezen dat ze ooit hadden gezien—een eenhoorn. Zijn vacht was zo wit als sneeuw en zijn manen glinsterden in alle kleuren van de regenboog. De ogen van de eenhoorn schitterden van wijsheid en vriendelijkheid, en een enkele, gedraaide hoorn glansde op zijn hoofd.

"Hallo, jonge ontdekkingsreiziger," zei de eenhoorn, met een stem zo rustgevend als een slaapliedje. "Ik ben Luna, de bewaker van het Betoverde Bos. Ik zie dat je een van mijn veren hebt gevonden."

Emily's ogen werden groot van ontzag. "Ja, ik vond het in de weide. Ik heb altijd gedroomd van het ontmoeten van een eenhoorn! Dit is ongelooflijk!"

Luna glimlachte. "En ik ben blij om een dappere en nieuwsgierige ziel als die van jou te ontmoeten, Emily. Er is iets bijzonders aan jou. Misschien kun je me helpen met een zoektocht."

Emily's hart klopte snel van opwinding. "Een zoektocht? Wat voor een zoektocht?"

Luna stapte dichterbij, haar hoorn gloeide zachtjes. "Een donkere vloek is gevallen over het Betoverde Bos. De magische kristal die ons land beschermt, is gestolen door een boze tovenaar. Zonder het zal het bos zijn magie en leven verliezen. Ik heb jouw hulp nodig om de kristal terug te halen en de betovering te herstellen."

Emily knikte gretig. "Ik zal alles doen om te helpen! Waar beginnen we?"

Luna knielde neer, zodat Emily op haar rug kon klimmen. "Houd je goed vast, en Rusty, blijf dichtbij. We moeten reizen naar de Vergeten Bergen, waar de tovenaar woont. Het zal een gevaarlijke reis zijn, maar ik geloof in jou, Emily."

Met Emily die Luna's manen stevig vasthield en Rusty die naast hen liep, begonnen ze aan hun avontuur. Ze galoppeerden door het bos, staken sprankelende beekjes over en sprongen over omgevallen boomstammen. De reis was lang en uitdagend, maar Emily's vastberadenheid wankelde nooit.

Toen ze de voet van de Vergeten Bergen bereikten, kwamen ze een reeks obstakels tegen. Eerst moesten ze een gammel oude brug oversteken over een diepe kloof. Emily's hart bonkte toen de brug onder hun gewicht wiebelde, maar met Luna's stabiele begeleiding kwamen ze veilig aan de overkant.

Vervolgens kwamen ze een dichte, doornige struik tegen die ondoordringbaar leek. Rusty blafte en snuffelde rond en vond uiteindelijk een smal pad door de doornen. Emily volgde voorzichtig, zich beschermend met Luna's veren, die gloeiden en de doornen verzachtten terwijl ze passeerden.

Eindelijk bereikten ze de ingang van het hol van de tovenaar, een donkere en dreigende grot in het hart van de bergen. Emily haalde diep adem, met een mix van angst en opwinding. Ze wist dat dit het moment van de waarheid was.

"Blijf dichtbij, Rusty," fluisterde Emily toen ze de grot binnenstapte. Luna's hoorn verlichtte de weg en wierp een zacht licht op de koude, stenen muren.

Terwijl ze dieper de grot ingingen, ontmoetten ze de tovenaar. Hij was een lange, schaduwachtige figuur met priemende ogen en een sinistere grijns. In zijn handen hield hij de magische kristal, waarvan het licht werd gedimd door zijn donkere magie.

"Nou, nou, wat hebben we hier?" sneerde de tovenaar. "Een klein meisje, een eenhoorn en een hond. Hoe schattig. Denken jullie echt dat jullie mij kunnen verslaan en de kristal kunnen terugnemen?"

Emily stond rechtop, haar stem vastberaden. "We zijn niet bang voor jou. We zijn hier om de magie van het Betoverde Bos te herstellen en we gaan niet weg zonder de kristal."

De tovenaar lachte en hief zijn handen op om een spreuk te werpen. Maar voordat hij een woord kon uitspreken, gloeide Luna's hoorn fel en een straal van puur licht schoot naar de tovenaar, die achterover werd geslagen. Emily zag haar kans en, met al haar moed, snelde naar voren en pakte de kristal uit de greep van de tovenaar.

Zodra Emily de kristal aanraakte, begon deze fel te gloeien, zijn magie hersteld. De grot trilde en de tovenaar liet een woedende brul horen voordat hij in het niets verdween. De vloek was verbroken.

"Goed gedaan, Emily," zei Luna, haar stem vol trots. "Je hebt het Betoverde Bos gered."

Emily glimlachte, de kristal stevig vasthoudend. "We hebben het samen gedaan, Luna."

Met de kristal veilig in haar handen, klom Emily terug op Luna's rug en keerden ze terug naar het Betoverde Bos. De terugreis was gevuld met vreugde en opluchting. Toen ze het bos binnengingen, fonkelden de bomen weer met hernieuwde magie en was de lucht gevuld met de zoete geur van bloeiende bloemen.

De boswezens kwamen naar buiten om hen te begroeten, juichend en hun helden vierend. Emily voelde een warme gloed van geluk wetend dat ze een verschil had gemaakt.

"Dank je, Emily," zei Luna toen ze het hart van het bos bereikten. "Je hebt bewezen dat moed en vriendelijkheid elke duisternis kunnen overwinnen. Het Betoverde Bos zal je altijd dankbaar zijn."

Emily omhelsde Luna, voelend een diep gevoel van voldoening. "Dank je, Luna. Dit avontuur was de meest geweldige ervaring van mijn leven."

Met de kristal terug op zijn rechtmatige plaats, was het Betoverde Bos weer een plaats van magie en wonder. Emily en Rusty keerden terug naar Weidenbeek, hun harten vol herinneringen aan hun ongelooflijke reis.

Vanaf die dag werd Emily's verhaal een legende in Weidenbeek. Ze bleef verkennen, dromen en op zoek gaan naar nieuwe avonturen, altijd de lessen herinnerend die ze had geleerd van Luna en het Betoverde Bos.

En elke keer als ze naar de zilveren veer keek, nu ingelijst aan haar slaapkamer muur, werd ze eraan herinnerd dat met moed, vriendelijkheid en een beetje magie, alles mogelijk is.

Max and the Mysterious Mermaid

Once upon a time, in the seaside village of Coral Bay, there lived a curious and adventurous boy named Max. Max loved the ocean more than anything else in the world. He would spend hours exploring the beach, collecting shells, and dreaming about the mysteries hidden beneath the waves. His greatest wish was to have an underwater adventure and discover something extraordinary.

One sunny morning, as Max was walking along the shore with his best friend, a cheeky seagull named Sam, he spotted something shimmering in the distance. Intrigued, Max ran towards it and found a beautiful, silver shell lying on the sand. As he picked it up, he heard a soft, melodic voice singing a hauntingly beautiful tune.

"Did you hear that, Sam?" Max asked, his eyes wide with excitement.

Sam squawked in agreement, his beady eyes twinkling.

Following the sound, Max and Sam made their way to a secluded cove hidden behind a cluster of rocks. There, sitting on a large rock and combing her long, flowing hair, was a mermaid. Her tail sparkled with shades of blue and green, and her eyes were as deep and mysterious as the ocean itself.

Max's heart skipped a beat. He had always dreamed of meeting a mermaid, but he never imagined it would actually happen.

"Hello," Max said softly, trying not to startle her. "My name is Max. What's your name?"

The mermaid looked up, her eyes filled with curiosity and kindness. "Hello, Max. My name is Marina. It's lovely to meet you."

Max and Marina quickly became friends. Marina told Max all about the wonders of the underwater world—the colorful coral reefs, the playful dolphins, and the mysterious shipwrecks filled with treasure. Max was captivated by her stories and wished he could see it all for himself.

"Would you like to visit my world, Max?" Marina asked, her voice like a gentle wave. "I can take you on an underwater adventure."

Max's eyes lit up with excitement. "Oh, yes, please! But how can I breathe underwater?"

Marina smiled and handed Max a small, glowing pearl. "This is a magic pearl. If you hold it, you'll be able to breathe underwater just like me."

With the magic pearl in hand, Max and Sam followed Marina into the water. As they dove beneath the surface, Max felt a tingling sensation and realized he could breathe easily. He looked around in amazement at the vibrant underwater world that unfolded before him.

They swam through fields of swaying seaweed and past schools of shimmering fish. Max marveled at the beauty of the coral reefs, which were home to countless sea creatures. They even encountered a group of friendly dolphins who greeted them with playful flips and clicks.

"Wow, this is incredible!" Max exclaimed, his eyes wide with wonder.

As they swam deeper, Marina led Max to a hidden cave adorned with glowing crystals. Inside, they found an ancient shipwreck, half-buried in the sand. The ship was covered in barnacles and seaweed, and its wooden planks creaked softly with the movement of the water.

"This is the wreck of the Sea Queen," Marina explained. "It's said to be filled with treasure, but no one has ever been able to find it."

Max's heart raced with excitement. "Let's find it together, Marina!"

They carefully explored the ship, searching every nook and cranny. Max discovered a rusty old chest hidden under a pile of debris. With Marina's help, he pried it open, revealing a dazzling array of gold coins, sparkling jewels, and ancient artifacts.

"We did it, Marina!" Max cheered, holding up a handful of glittering treasure.

Marina smiled. "Yes, we did, Max. But the real treasure is the friendship we've found."

As they left the shipwreck and swam back towards the surface, Max felt a sense of contentment and joy. He had experienced the adventure of a lifetime and made a wonderful new friend in the process.

When they reached the shore, Max turned to Marina with a smile. "Thank you for the amazing adventure, Marina. I'll never forget it."

Marina nodded, her eyes twinkling like the stars. "Remember, Max, the ocean is full of mysteries waiting to be discovered. And you'll always have a friend in me."

With a final wave, Marina disappeared beneath the waves, leaving Max and Sam on the beach. Max clutched the magic pearl in his hand, knowing that he would treasure it forever.

From that day on, Max's adventures became the stuff of legend in Coral Bay. He would often return to the cove, hoping to catch a glimpse of Marina and share more stories. And every time he looked at the ocean, he was reminded of the incredible world beneath the waves and the magical friendship he had found.

Max en het Mysterie van de Zeemeermin

Er was eens, in het kustplaatsje Koraalbaai, een nieuwsgierige en avontuurlijke jongen genaamd Max. Max hield meer van de oceaan dan wat dan ook ter wereld. Hij bracht uren door met het verkennen van het strand, het verzamelen van schelpen en het dromen over de mysteries die onder de golven verborgen lagen. Zijn grootste wens was om een onderwateravontuur te beleven en iets buitengewoons te ontdekken.

Op een zonnige ochtend, terwijl Max langs de kust liep met zijn beste vriend, een ondeugende meeuw genaamd Sam, zag hij iets glinsteren in de verte. Nieuwsgierig rende Max ernaartoe en vond een prachtige, zilveren schelp op het zand liggen. Toen hij het oppakte, hoorde hij een zachte, melodieuze stem een betoverend mooie melodie zingen.

"Heb je dat gehoord, Sam?" vroeg Max, zijn ogen wijd van opwinding.

Sam kwaakte instemmend, zijn kraaloogjes twinkelend.

Max en Sam volgden het geluid naar een afgelegen baai die verborgen lag achter een groep rotsen. Daar, zittend op een grote rots en haar lange, golvende haar kamend, zat een zeemeermin. Haar staart glinsterde in tinten blauw en groen, en haar ogen waren zo diep en mysterieus als de oceaan zelf.

Max's hart sloeg een slag over. Hij had altijd gedroomd van het ontmoeten van een zeemeermin, maar hij had nooit gedacht dat het echt zou gebeuren.

"Hallo," zei Max zachtjes, proberend haar niet te laten schrikken. "Mijn naam is Max. Hoe heet jij?"

De zeemeermin keek op, haar ogen gevuld met nieuwsgierigheid en vriendelijkheid. "Hallo, Max. Mijn naam is Marina. Het is leuk je te ontmoeten."

Max en Marina werden al snel vrienden. Marina vertelde Max alles over de wonderen van de onderwaterwereld—de kleurrijke koraalriffen, de speelse dolfijnen en de mysterieuze scheepswrakken vol schatten. Max was geboeid door haar verhalen en wenste dat hij het allemaal zelf kon zien.

"Wil je mijn wereld bezoeken, Max?" vroeg Marina, haar stem als een zachte golf. "Ik kan je meenemen op een onderwateravontuur."

Max's ogen lichtten op van opwinding. "Oh, ja, alsjeblieft! Maar hoe kan ik onder water ademen?"

Marina glimlachte en gaf Max een kleine, gloeiende parel. "Dit is een magische parel. Als je het vasthoudt, kun je onder water ademen, net als ik."

Met de magische parel in de hand volgden Max en Sam Marina het water in. Terwijl ze onder het oppervlak doken, voelde Max een tintelend gevoel en realiseerde hij zich dat hij gemakkelijk kon ademen. Hij keek rond in verwondering naar de levendige onderwaterwereld die zich voor hem ontvouwde.

Ze zwommen door velden met zwaaiend zeewier en langs scholen glinsterende vissen. Max was verbaasd over de schoonheid van de koraalriffen, die de thuisbasis waren van talloze zeedieren. Ze ontmoetten zelfs een groep vriendelijke dolfijnen die hen begroetten met speelse sprongen en klikgeluiden.

"Wow, dit is ongelooflijk!" riep Max uit, zijn ogen wijd van verwondering.

Terwijl ze dieper zwommen, leidde Marina Max naar een verborgen grot versierd met gloeiende kristallen. Binnenin vonden ze een oud scheepswrak, half begraven in het zand. Het schip was bedekt met zeepokken en zeewier, en de houten planken kraakten zachtjes met de beweging van het water.

"Dit is het wrak van de Zeekoningin," legde Marina uit. "Er wordt gezegd dat het vol schatten zit, maar niemand heeft het ooit kunnen vinden."

Max's hart klopte van opwinding. "Laten we het samen vinden, Marina!"

Ze onderzochten voorzichtig het schip en doorzochten elke hoek en spleet. Max ontdekte een roestige oude kist verborgen onder een stapel puin. Met Marina's hulp opende hij het en onthulde een schitterende verzameling gouden munten, fonkelende juwelen en oude artefacten.

"We hebben het gevonden, Marina!" juichte Max, terwijl hij een handvol glinsterende schatten omhoog hield.

Marina glimlachte. "Ja, dat hebben we, Max. Maar de echte schat is de vriendschap die we hebben gevonden."

Toen ze het scheepswrak verlieten en terug zwommen naar het oppervlak, voelde Max een gevoel van tevredenheid en vreugde. Hij had het avontuur van zijn leven beleefd en een geweldige nieuwe vriend gemaakt.

Toen ze de kust bereikten, draaide Max zich om naar Marina met een glimlach. "Bedankt voor het geweldige avontuur, Marina. Ik zal het nooit vergeten."

Marina knikte, haar ogen twinkelden als de sterren. "Onthoud, Max, de oceaan zit vol mysteries die wachten om ontdekt te worden. En je zult altijd een vriend in mij hebben."

Met een laatste zwaai verdween Marina onder de golven, terwijl Max en Sam op het strand achterbleven. Max klemde de magische parel in zijn hand, wetend dat hij deze voor altijd zou koesteren.

Vanaf die dag werden Max's avonturen legendarisch in Koraalbaai. Hij keerde vaak terug naar de baai, hopend een glimp op te vangen van Marina en verhalen te delen. En elke keer dat hij naar de oceaan keek, werd hij herinnerd aan de ongelooflijke wereld onder de golven en de magische vriendschap die hij had gevonden.